정상조 시집

수묵화로 사는 나무처럼

정상조 시집
수묵화로 사는 나무처럼

지은이 | 정상조
펴낸이 | 김윤환
디자인 | 김병철
펴낸곳 | 열린출판사
1판 1쇄 펴낸 날 | 2023년 7월 10일

등록번호 / 제2-1802호
등록일자 / 1994년 8월 3일
주소 / 경기도 시흥시 하중로 203(3층)

ISBN 978-89-87548-40-1 (03810)

값 13,000원

정상조 시집

수묵화로 사는 나무처럼

열린출판사

■ 시인의 말

증권경제전문가로 활동하며
시를 쓴다는 것은 어울리지 않을듯하나
연속된 긴장은
오히려 인간의 나약함을 깨닫고 해주었고
자연을 향한 발걸음을 재촉하곤 했다
세상살이가 팍팍할수록
신은 나를 자연으로 데리고 갔다

영감이 스칠 때마다
메모한 것이 한 편의 시가 된다는 것이
치유의 경험을 제공해 주기도 했다.
아이러니하게도 이번 시집은
경제방송과 언론에 참여하면서
더욱 활발하게 정리된 작품들이다

부끄럽지만 시를 통해
사람과 사랑을 더 깊게 이해할 수 있었다
언제나 나는 수묵화 한 폭처럼
자연의 한 공간에서
시와 나를 들여다볼 작정이다
부족한 원고 살펴봐 주신 김윤환 교수님께 감사드리고
늘 기도로 지켜봐 준 가족들에게도 고마움을 전한다.

2023년 여름을 맞으며
인천 변방에서 정상조

■ 목차

제1부 담쟁이 넝쿨 벽화

제2부 슬픔을 뒤척이는 악보

제3부 시에게 보내는 편지

제4부 그리움의 다른 말

제5부 음표보다 노래가 되어

제1부
담쟁이 넝쿨 벽화

화덕

사람의 겨울 안에는
화덕이 있었을 거야
겨울잠에 꿈을 녹여
북풍에 담금질을 하던
화덕의 비밀

흙으로 밀어주면
빛으로 끌어당겨
환희로 내미는 손짓
터져 오르는 기쁨의 울음
꽃망울로 터지는 소리

겨우내 새순을 다듬는 소리
모진 바람에 가지가 휘어져도
노래로 견디어 내는
겨울나무의 화덕

뿌리 속 어딘가에는
여전히 연주를 하며
노래를 밀어올리고
새봄을 준비하는
겨울나무로 살아온
화덕이여

아침 수채화

한 겨울 낙엽만 수북한 때
낡아짐이 나에게까지
도착했지만

새벽에 눈 비비면 새들은
왜 쌍쌍이 우는지
꽃들은 왜 암수가 있는지
우거질 때는 보이지 않았던
생강나무 꽃

눈 뜨니
숲은 온통 노란색
그대와 나의 호흡이
물감 풀어지듯
노랗게 풀어져야
아침 수채화

둥지

까치집은 언제나 침묵
애타는 울음 근처에 있어도
정작 둥지는 언제나 빈 집

수양버들 꼭대기에
매달린 침묵
하루 울었으면 됐을까
허무를 먹고 매다는 허전

하루 지나가는데
나무 우듬지 둥지는
할 말이 많구나
새벽은 춥지 않았냐고
낮에는 덥지 않았냐고
날씨만 물어도 하루가 짧다

어디든지 둥지만 있으면
눈빛을 마주하니 됐고
보듬을 온기가 있어서
울음도 멈추고
고요 끝에 걸리는 둥지

빈 입을 쪼아도
초봄 푸르름이 묻히는 노래는
구름 틈 사이 비치는 햇살
그 맛에 사는구나

담쟁이넝쿨 벽화

줄기와 잎들의 그림자
중간중간 벗겨진 담벼락
단풍 든 한 잎 한 잎
가로등빛 절묘 하구나

물감을 먹은 것인지
시간의 담벼락에는
한바탕 자유가
그려지고 있구나

넝쿨 잎에 걸터앉아
어느 생애의
벽화를 그리고 있는
나비 한 마리

이슬의 눈

서리 내리던 밤
귀뚜라미 울고
새벽 맑은 이슬이 맺힐 때

잎새의 그물에 걸린
이슬의 눈동자
그 방울에 비친 얼굴

가장 작지만
가장 맑게 보이는 시간
햇살에 그 얼굴 사라지면
이내 짙어져오는 푸른 하늘

이슬의
아침 노래가 끝나면
나도 사라지고
당신도 사라지고

목련 봉오리

해에게서 보았네
눈을 감을 때까지는
들숨의 따스함
눈을 뜰 때까지는
날숨의 차가움을

햇살을 뜰채에 담아
밤마다 헹구었더니
마침내 봉오리 열리는구나
뜰채에 남는 눈빛들 모여
꽃잎을 깨우는구나

가슴앓이 진액으로
뽑아 올린 눈물
밤의 헹구던 것들
햇살 다가올 무렵
맺혀 오르는 하얀 봉오리에
여전히 뛰는 가슴

봄 이파리 하나

작은 이파리와
바람 한 점에서 애를 끓이는
봄의 햇살

찔레꽃이
봄을 익히는 사이
봄의 살점을 발라먹는
생선가시 같은
숫자를 쌓아 올렸다

혀끝에 맴도는 봄이
해장술 앞에서
입술에 머물어
북어국 맛을 낸다

꽃의 혈관에는

콕콕 찔리는 전율로

땅의 핏줄을 따라

뿌리를 내린 후

아침을 깨우는 동백

겨우내 외로움이 혈액이 되어

더 짙어진 빛깔

숨쉬기조차 힘든

그리움의 절정

더 붉게 피어나는 꽃

청명淸明

울음으로 닦아낸 하늘
휘저어도 밤은 한 가지 색
실을 뽑아 길쌈을 한 것일까
치잣물 들이는 지천에
귀뚜라미 소리 물레에 감겨있네

맑은 환희로 눈뜨는
절망의 정수리에
북채 들고 몸부림치는
지상의 것들

더러는 춤을 추고
더러는 무지개성을 쌓는
겨울잠 끝에서
고요한 상념으로
곡우穀雨를 기다리네

수묵화로 사는 나무처럼

나무를 그리라면
이파리의 애교보다
줄기의 뚝심을 그리고 싶네

바람의 귓속말은
밤이 되어도
지워지는 일은 없지만

먹물마저 사치스러운 여백
더 많은 것들을 받치고 있는 줄기,
말없이 기다리는 사랑은
앙상하여 바람에 흔들려도
수묵화처럼 풍경의 주인이 되네

표현되지 않는 가지도
바람에 흔들리고
뚝심으로 선 생애의 한 가운데
밤이면 별들이 내리고
벌레 울음마저 함께 울어 준 당신

여백을 벗 삼아
깊은 밤하늘 하얗게 새우며
한 점 수묵화로 살고 싶네

풀꽃 강변

물빛이 핀다
비린 물결이 튄다

풀꽃 지고
허리 휘는 강변

강 안 모래무덤에도
사각사각 풀씨는 쌓인다

마음 세포

세포 하나가
보리 잎같이 떨린다
사랑을 품은 여운

세포 하나하나가 모여
싹튼 사랑이 되더니
봄 바람결 보리 잎같이
설레는 떨림

기도로 세워진
망대에 서서
광활한 평야와
사람을 본다

살아 있어 꽃이 되고
다시 살아 노래가 되고
욕망 위에 지은 집이 아니라
작은 마음 세포들이
노래하며 꽃밭을 이루는
봄이면 된다

시냇물 거울

맑은 물
너울거리는 거울에
마주하는데
물속의 이야기
잡힐 듯 말 듯
가까워도

출렁거리는
눈망울은
물결로 가득해서
반짝거리는 거울

나를 잊고
나를 비추는 동안
물결 사이로
무지개로 튀어 오르는
은피리 떼

구멍

나비는 금방 꽃을 찾고

한참을 날아도

그 날개 부러지지 않는데

떡갈나무 숲

울울창창 푸르지만

벌레 먹은 잎이 태반이구나

구멍 뚫리고 썩어지면

머리에 목숨을 이고

사는 것을 알 때가 있다

숲의 끝에서

바람이 빈손으로 왔다
그냥 가지 않았네
국수나무 마음을 흔들어 흰 꽃으로 왔네
밤에 내린 비 아직 떨구지 않은 이슬
나뭇잎에서 햇살을 받을 때
깊은 푸름이 눈을 뜨는구나

넝쿨은 새소리로 치마폭 걷어 올리는
엷은 숨결로 일어서고
팔을 벌려 너를 마주하지
음정 고운 거목으로 춤을 추어라
바람이 비비는 볼 끝을

새들이 진저리 치게 우는 숨결 끝에서
퉁 튕기듯 사라지는
이파리의 외침
너는 아느냐

눈眼

너의 눈 속 세상이
참 넓구나
그 속에 발가벗고 들어가
헤엄치고 싶구나

네 눈은 호수일까, 강일까
아니 네 눈은 바다
고래가 멸치 떼를 따라
헤엄을 치듯이

너의 눈 속에는
어미 고래와 아기 고래 한 마리가
깊은 바다에서
멸치 대신
눈물을 퍼 올리고 있네

떼겔르* 하늘길

꼬불꼬불
하늘로 가는 길
물결이 바위를 치듯이
온통 꽃길이다

향기로 숨을 쉬고
향기가 핏줄을 돌아
마음에 머무는 곳

계절의 색깔로
산맥이 춤을 추는 곳에
길 잃은 산염소

하늘에 취한
어쩔 수 없는 사랑
꽃이 되어
하늘 끝에 서면
꽃길로 채색된 떼켈르

산염소 노닐고
나그네는 춤을 춘다

*카자흐스탄 지명

벌레 먹은 잎

너만 우냐
나도 울자
햇살을 소화시키는
저 지저귐
벌레 먹은 잎에게
새는 노래를 준다

무엇을 땜질해도
때울 수 없는 곳에
맑은 햇살
그 지저귐이 지나면
숭 뚫려서 보이는
하늘이 있다

동행

솔밭에 하얗게 뿌려진
민들레 홀씨
호흡 속으로 들어온
노래의 씨앗이
가슴 가득 필 날을 위해
바람이 옮기고
햇빛의 통증이
싹을 틔우겠지

더러는 떠돌다 죽고
지천에서 피겠지
씨눈에 생명을 품었기에
떠돌다가도 심겨져
민들레 얼굴로 마주할 때
동행의 의미도
마주하겠지

발꿈치를 들고

내 발의 춤으로
날아올라라
매미가 가슴 터진다
푸름아 꽃발을 들라
햇살 악보가 있다
단순한 박자로
미쳐보자
단순한 박자에
내 영혼 던져보자
내 손아 춤으로
관절을 꺾어라
매미가 진천으로 우는
너는 왜 햇빛 연주를
못 듣느냐
자연에서 침묵이 들린다
타악기 소리가 들린다
너는 나에게
침묵으로 안겨오라
사랑이라고 말하지도 말고

까치발 새순

길바닥
새순 한 잎으로
위태하게 선 너를 본다

주변에 아무도 없어
햇빛은 온통
너의 것이 되었다지만
나는 애절하다

까치발 들고 내민
너의 손끝에
핑 도는 눈물로
손을 내민다

아픔이
노래로 흘러
너의 눈빛으로
나를 세운다

풀잎 노래

잎새 위에 그물망을 그리고

이슬방울로 허리 휜

풀 한 포기

심겨진 자리에서

하늘을 향하는 이유가 있지

목젖이 휘도록

노래를 하는 이유가 있지

팔을 벌려 하늘을 향해 허수아비로 서서

영원히 아프지 않을

노래가 되고 싶다

제2부
슬픔을 뒤척이는 악보

거미줄의 음표

거미줄에 걸린 빛이
물안개로 피어나고
눈 감으면 물빛 머금은 망개잎들
날씬한 몸매 내미는데

빙그르 몸을 돌리는
손끝의 여운
눈빛의 여운

손을 잡아주면 스치는
거미줄에 걸린 음표들
까치발로 빙그르 돌다
슬며시 안기는
숲속의 망개잎

고목古木

나이테에 돌돌 말린 새 울음소리
옹이 사이로 파고들고
세월로 선 기둥
지천으로 뻗은 푸르름이
노래가 되어 흩날린다
누가 너를 서있다고 말하는가
그윽한 눈빛
우두커니 서서 부르는
너의 노래 너의 눈빛

수레국화

늘 가던 공원에 좀 뜸을 들였더니
못 본 사이, 가지 않은 사이
청색이라고 하기에는 보랏빛 나는
꽃들이 가득 피어있었구나
구름 속에 있다 왔을 것 같은
어느 하늘 속에서 지켜보고 있었을 것 같은
시야의 끝을 덮는 수레국화
잠깐 시야에 왔다 사라지지만
찰나를 전부처럼 살아간다면
수레국화 피는 순간에 둥지를 틀고
영원을 만들고 싶네

인부人夫

내일은
이미 값이 정해진
고단한 약속

고물상에서도 받을 수 없는
고물 같은 육신
찬바람에 파르르 떠는
보릿잎

마모된 중고품으로
어둠을 찍는
낡은 발자국

내일 없는 오늘에 서서
북서풍에 안겨 우는 영혼
오늘은
누구나 인부人夫였구나

고철

용접된 다리를 끌고

용접된 팔을 달랑거리며

용접된 눈알을 낀 채

밤을 지새워

녹슬어야 한다

정전의 날들

아무런 고장이 없는데
뇌 속엔 왜 불이 안 들어오나
아하, 전투적으로 찍히는 반복의 숫자
웃음의 용량에는 턱없이 모자라

웃음의 회로에 스위치를 눌러도
불은 들어오지 않고
반복의 숫자가 쌓여 가는
무표정 회로에 불이 켜진다

정전된 뇌 속엔
철커덕, 기계 작동이 시작되고
생존을 능률에
저당 잡힌 사람들이
연신 찍어내는
정전된 날들

진통

꽃말을 감추고
작은 산과 언덕들이
메아리로 넘쳐날 때
날개의 흔적이
꽃잎으로 피어난다

가장 사랑했던 것들이
가장 외로워지는 순간

잊혀진 것들마저
섬세한 고통으로 점령되어
진통이 꽃으로 피어

화려한 상흔

상처를 만드는 도시
태산이 무너져도
자각증상 하나 없다
낯선 사람들의 주검을 보듯
저물녘까지 밀려다니는
애잔한 것들만 갈 곳이 없다

눈물도 콘크리트처럼 굳어버린
몇 십 년 전 사랑이 보이고
그것 환상이다 싶어 눈을 감으면
풀어헤쳐진 꽃무리가 아름답다

산 하나의 웃음이
풀꽃 한 송이의 웃음인가
문명의 가면이 화려한 곳
불길한 예감처럼 빌딩 숲속엔
제비 한 마리 돌아오지 않는다

그림자 연극

범인은 분명 그림자였다
햇빛이 제 얼굴을 스칠 제
밝음이 아닌
순종하는 멍멍이처럼 따라다니는
그림자
누군가를 닮은 것이 슬프다

권태를 모르고
일에 묻혀서
울고 또 울고 있는 그림자
타는 햇빛이 한 번도
그림자를 아니 비추는데

모두들 그림자로 연극하는 멍청이들
제 얼굴에 낯선 그림자
눈물이 보일 만큼 연민이 흐르는데
아! 그런데 그런데
누구와 좀 닮았는데

쉼표 찾기

새순 자라
반 박자 쉬더니
활짝 웃네

자연은 오선지가 되는데
세상살이 쉼표가 비어있네

가을에 돌아와
서러운 가슴 안고 왔는지
울면서 물들어가네

쉼표가 없지만
이제 편안한 억새꽃
겨울에도 피는 미소는
어디에 또 없을까.

자화상

화폭 속에 갇힌 죄인 아시오. 한 가지 형태를 고수하느라 화선지에 비지땀이 배어 나오는 움직이지 않는 나체에 행복을 느껴버리는 사람 하나 갇혀 있소. 빈 공간을 장식하기 거추장스러워 지루한 여러 표정의 예술로 붙잡고 있노라 그림 속의 나는 옷을 입을 줄도 모르오. 귀부인들 욕정을 숨기고 때론 아리송한 눈으로 들여다보며 색채와 형태가 사상을 완성 시키는 예술이라 말하지만 그림 속의 나는 부끄러움을 들여다볼 거울이 없소. 홀쭉한 배를 예술적으로 들여다볼 사람 없고 굶주림에 허덕이며 미소로 꾸미고 있는 그림 속의 나체는 그냥 그 꼴로 있소 거울을 주시오

감탄사

어머니 가슴 같은 아침 햇살
우르르 새떼처럼 날아오르면
씨눈들이 눈 비비며 눈을 뜬다
겨우내 묻어둔 감탄사

눈물로 가슴앓이 하던
몇 톨의 씨앗들은 눈을 감았지
꼬리를 쓰윽 감추고
피어나는 아지랑이

대지의 기질은 새싹을 키우는 것
일으켜진 흙덩이마다 젖이 나오고
귓바퀴에 떨고 있는 생명의 절정마다
예민한 새순들이 내미는 얼굴

신비를 지키는 영혼의 창문 곁에
고운 햇살 한 줌
꼭 쥐고 있다.

갈매기 조선소

기계의 명령을 따라
꿈틀거리는 숨통
낡은 목숨
녹슬어가는 철판을
그라인더로 밀어 올리면
순간 페인트로 옷 한 벌 입고
당당한 배 한 척 지나가네

허물의 옷을 벗겨내며
땜질의 연기 피어올리 망치소리
콜록콜록 또 해를 묵히는데
쇠로 된 갈매기가
팔 다리 떨어진 산자락을 내려와
울음을 쪼아되네

제 살이 아니라고
엎어져서도 화장을 하는
해안의 산 그림자
여전히 봄은 멀고
망망대해 떠나는 바닷길에
잡을 수 없는 꿈이 파도에 묻혀가네

악보 위를 걷는 바람

나는 갈망한다
불꽃이 켜지도록
바람의 손끝을 매달고 있다
허리를 구부려 귀기울이매
바람만큼 간절한 게 있을까

나무의 마디마다 음악을 켜고
건반 위를 뛰어 다니는 노랫말
신이 난 이파리가 질주한다
금침처럼 꽂히는
햇빛 한 점의 통증

권태도 일종의 노래로 피어나고
높푸른 생성의 그 빛나는 하늘이
일제히 고개 내밀고 흩어지는
한없이 깊어지는 인연을 위해
깨끗한 인상의 계절이
나무가 휘저어 둔 하늘만
푸른 물감처럼 젖어드느니

햇빛도 뒤척이는 시간
이럴 때 이파리들을 두드리며
나는 바람으로 갈망한다

이무기 동산

심장을 향해 저돌적으로 덤비는 걸 보고
죽음을 외면하고 싶은 듯 이무기는 눈감아
멋모르고 개펄을 기던
트럭에 깔린 몇 마리

생태계가 꿈틀거리다
퇴적물로 쌓이는
바다에서 퍼내가는
인간들의 모래바가지

모래는 끝내 콘크리트와 범벅이 되어
공장부지에 쌓이는 무덤
소음만 덩그러니 놓인 자리마다
예나 지금이나 쏟아지는 햇살

산꼭대기
햇살이 너무 좋아
함죽 웃음을 말리고 있는
산꼭대기 늙은 소나무 하나

모자이크

인간은 개미를 너무 무시했어
세상을 찢어 붙이고
찢어 붙여 만든 산하
평화로운 세상

수 많은 개미들 줄지어
흙을 물어 나를 때도
이 작은 생물들이 도대체!

찢어 놓았어
누 천 년 고요가
팔 벌리고 안아 오는
미술품을 찢어 놓았어

가장 값싼 생명으로 왔다고
무심히 바라보다가
문득 유심히 들여다보면
마치 변절한 애인처럼
깨진 모자이크

이끼 낀 바위 사이
춤추는 소나무
찢겨진 황토
위험한 모자이크

어치 가는 길

지천으로
눈물 훔치는 밤꽃들
개울물에 돌돌돌
띄워 놓았지

잔 덤불 우거진 사이
알밤 같은 얼굴
또렷이 떠오르니

물에 넘쳐나는 표정
꿈속까지 들어와
내게 안기네

고향 야경

오촉 전구도 아까워
끄는 동네
왕래가 끊긴 낡은 골목
빈집들 날 새도록
가로등이 밝히지만

어둑한 가로등
고향 동네에는 속을 알 수 없는
노인들 낡은 가로등에
여물지 않는 작물들

별일이여, 별일이여
봉창만 두드리는
고향 밤 풍경

골목풍경1

- 여인 노숙자

집 앞 편의점 앞에 연탄 공장에서 일하다 온 것 같은
엉클어진 아줌마 깡소주를 마시며 담배를 피우고 있다
빵 두개 우유 하나를 사서
"왠 소주만 드세요? 빵하고 우유 좀 드세요"
의외로 부끄럼 타며 "괜찮은데?"
"아줌마! 왜 이러고 다니세요 집은 없어요?"
"집 있어요!"
"아저씨 담배 한 개비 얻을 수 있어요?"
담배 한 갑하고 라이터를 사서 건네자
"저 아저씨 한 개비만 피우고 놓고 갈께요"
"아줌마 왜 이렇게 다녀요"
말없이 씩 웃는 웃음
시커먼 얼굴에 시든 꽃이
쓸쓸하고도 하얗게 피어난다

접전接戰

창밖 느티나무 잎
바람 불 때마다
빛과 싸운다

바람이 이 옆에서
바람이 저 옆에서
말 안 해도 뜨거워지는
사랑의 불꽃

바람이 불 때마다
잎새와 햇살의
빛나는 접전

골목풍경2

- 과일장사

1톤 적재함에 딸린 따블겝이라는 트럭, 오늘은 5명이 나와서 과일장사를 한다 장애인 아저씨는 밖에서 과일을 파는데 아줌마는 백일 쯤 된 아이는 앞에 매고 뒤에는 3살쯤 아들을 엎고 차에 있다가도 손님이 오면 뙤약볕에 나와서 과일 파는 것을 거든다.

할머니는 과일 파는 아들 며느리 손주 둘, 아들은 입도, 팔도 틀어지고, 다리는 절룩거리는 가슴 절이며 키워온 세월이 얼굴에 가득하지만 손자들을 밖에 두고 집에 있을 수 없는 조바심이 있다. 약간의 장애가 있어 보이는 며느리에 건강한 손자 둘까지 노점상 과일 파는 소형 트럭에는 작은 행복들이 바글바글 웃음을 만든다.

"아이고! 얼마 전에 낳았다는 애기? 어머 이뻐라! 너가 큰 애구나! 아저씨가 용돈 줄께!" 지폐 두 장 꺼내서 애들에서 주니 온가족이 손사래를 치며 어쩔 줄 몰라 하는데

장애인 아저씨가 나에게 "참외를 참 좋아 하시던데 참외 맛 어땠어요?" "아 참외요? 이번에 참외는 좀 너무 익어서 그런지 맛이 안 좋은 것이 몇 개 있었어요." "아 그랬어요?
특별히 골라서 드린 참외가 왜 그랬을까요?" 너무나 당황하고 어쩔 줄 몰라 하는 그 모습에 말한 내가 민망하지만 동네 장사라서 솔직히 이야기했다.

“제가 오늘은 어디 가야 돼서! 참외는 나중에 다시 사러 올게요.“ 장애인 아저씨 행복 가득한 노점상 가족, 단골손님의 이런 말에 얼마나 당황했는지 어쩔 줄 몰라 하는 그들의 모습을 보면서 의도한 것은 아니지만 서글픈 마음으로 내 갈 길을 간다.

증착蒸着

햇살과 나뭇잎과 하늘이
내 마음에 증착하면
화면 속에서 모든 색들도
악보 위에서 춤추는 노래처럼
천연색으로 증착하겠지

마음에 적, 녹, 청을 증착하면
가랑잎처럼 흔들리지 않는
천연의 색들로
숲을 이루는 노래로
세상 악보 위에서
나도 춤을 추겠지

삼원색으로
모든 색을 만들 수 있다는 착각
아무리 증착해도
하얀색을 더하는
빛의 진리

누이에게

원추리 꽃같은
누이야
매미가 하염없다
목청을 너머
몸짓으로 부른다
푸르른 침묵에도
노래가 있단다

원추리 꽃같은
누이야
세상 등짐을 지고
세월 앞에 늙는다
올해는 비가 많이 와서
꽃이 피자 시들었단다

풀들이 다들
색을 골라 먹어도
햇살을 보면
푸르게 얼굴 붉히는
그 사랑을 아느냐

비오는 날

햇빛, 너는 모르지
비 오는 날의 꿈을
실눈 뜨고 보느라
얼굴 붉히고
눈섭 밑 안개로 가리고
부끄러워 고개 숙이는
눈물 젖는 빛깔을
아마 너는 모를 걸

그러나
눈물 묻히면서
반짝이는 마음이 있단다
바람이 휘몰아 칠 때
문득문득 보이는
표정을 보았니?
비 오는 날
빛들이 춤추며
바람으로 박자를 맞추는
햇빛, 너는 모를거야

제3부
시에게 보내는 편지

개울물 소리

솔잎 끝에 물방울
눈을 비벼 뜰 때

높고 낮고
돌 틈을 지날 때
소리를 뽑으니
어깨춤이다

골패인 자리를 지날 때는
돌들이 닳아지고
오른쪽 왼쪽을 휘어져

직선이 없이
흐르다 보면
노래로 바뀐다

새들은 왜
입으로 노래만 하는지

흐르는 물소리를 듣다 보니
솔잎 끝 물방울이
왜 그렇게 영롱한지 알 것 같다

시에게 보내는 편지

지복至福한 눈빛만으로
보고 싶은 얼굴

망각의 빈자리를
눈물로 채우고
당신 색깔로 물들고 싶네

나만의 시선
눈빛의 반응으로
현을 켜는 당신은

가을 잎사귀로 쌓이는
오래된 편지였었네

쨍그랑 봄

실금 같은 나뭇가지에
돋아 오르는 푸른 새싹들
쨍그랑 봄이 깨지는 소리

창공마저 쟁탈전 일까
뿌리 끝에서 물을 긷고
가지에서 나뉘고 나뉘어서
실금 같은 가지 끝에서
창공을 보는 푸른 눈빛들

봄은 왜 깨어지는 것인지
새싹이 떠드는 수다
지나 온 삭풍 이야기에
마음이 녹고
뽑아 올린 향기를 깨뜨려
새싹으로 돋는
봄 이야기에 마음이 녹고

쨍그랑,
얼음장 깨지는
소리

나무의 곡선曲線

휘어진 나무를 보면
검은 선들이 뚜렷하게 보인다
껍질과 색을 닮은 깊은 한숨
뼈를 움직여서
살결의 곡선을 긋고
박힌 듯이 서서
얼굴로 내민 푸르름
나뭇잎 사이로 땅거미 질 때
하늘을 보면
빛의 연주 더 선명하지

세상 바람 따라
마디를 꺾으며 휘어진
나무의 침묵 속 이야기
참새 한 쌍 둥지에서
제각기 날아올라도
결코 이별이 아닌 것처럼

마음의 곡선이 춤 출 때
뿌리 깊은 한숨으로 출렁일 때
휘는 선으로 서로를 안고
춤추는 사람들
나무의 곡선에서
감아올리는 사랑의 곡선

산국山菊

산중턱 통신 안테나에는
가을의 주파수로 흘려 보내는
산국 향기가 있다

철탑 짓느라 깎아 내린
흙더미에 떠밀려
팔다리 꺾어졌어도 비틀거리며 서서

징징거리는 고주파를
하늘로 냅다 보내는
그 꽃잎들이 흔들릴 때마다
음파는 향기론 나래를 퍼덕인다.

억새

지나간 열정을
높은 음자리로 짚어내는
순백의 억새꽃 무리

이럴 때
쉼표는
또 하나의 얼굴

자기의 순정을 놓치고
바람 앞의
맨발로 달려왔지만

눈물로도 다 못 닦아내는
슬픔 한 무더기
억새꽃이야

겨울나무

팔 벌린 나무
외로움은 가지에 얹고
허기진 철새처럼
어둠을 묵상하는 밤이 오면

남풍 한 짐 부려 놓고
하늘을 보노라면
눈물의 고드름
꽃술을 잉태하는 겨울

북풍 속에는
그리움의 눈꽃들이 나풀리고
살아 있는 것들의
가여운 노래 흥얼거린다

바람이 허리를 펴면
우수 깊은 눈빛으로
지나간 시간에

겨울은 나무를 통해
노래를 짓는다

여름 산 어깨춤

아침 안개에
몸을 씻는 앞산
물기 탈탈 털고
비상을 막 시작하려는
산자락 가볍구나

사랑하는 이
발자국 소리에
심장이 뛰듯

앞산은
망초꽃 눈망울을 하고
어깨춤 음표로
나를 부르네

별을 따는 춤

밤새 별을 낚아
하늘을 먹이는 어부가 있다

어둠이 촘촘한 시간
소리의 손가락만
울음의 그물코를 깁고 있다

반복해서 듣노라니
단음의 곡소리에
갇히는 청각

목숨을 줄여가며
다가오는 소리
미묘한 음계와 별을 따는 박자
음계와 박자 사이
무지개가 뜬다

산 능선에서 올라
별 따러 가는 춤사위
하늘 한마당 채우고 가는구나

보랏빛 청혼

보라색을 칠하다 퍼진
그 물감으로
고개만 내밀지 말고

울타리 사이로
쏙
고개만 내밀지 말고

나에게는 멈춰 있고
너에게로 흘러가는 시간

그대에게서 피어나서
노래가 되어 떨어져도 좋아

색감이 가장 빛날 때
시들어 갈 것 뻔해도
우리 결혼 할까

아침

초록 풀잎 위로
이슬보다 더 빛나는
너를 본다

맑은 공기 위로
부서질 듯 여린 피부
입술로 내민 촉촉함

입술은 닿지 않아도
너는 악보 위에서
붉어지는 나의 노래

햇살 양념

숲으로 내리는 햇살에
양념 가루를 뿌려서 먹는다
그냥 보는 것보다
재채기하는 입맛이
더 감미롭다

나무들의 검은 줄기
목구멍으로 넘기는데
문제가 되지 않아
뜨거운 물에 데치지 않아도
사랑은 뻣뻣한 눈빛을
부드럽게 한다

햇살에 사랑의 양념을 뿌리니
맛있고도 맛없는 요리가
빛으로 눈부신 진설상이 되어
매콤한 식탁이 떠오른다

군락지 교실

호박넝굴 울타리를 넘어가고
낭떠러지로 떨어져서
허리를 못 펴는 칡넝쿨
시든 척한다

나는 해를 지게에 지고서
서산으로 넘어간다
누가 나를 푸르다 말하는가
등골에는 땀나는 슬픔이 흐른다

슬픔이 울음이 되고
울음이 신음이 될 때
비로소 푸르름은
생명으로 탄생하는 깃발이 된다

사람은 사랑을 알기 전에
눈빛부터 배운다
푸른 고통의 의미를 배운다
이유 없는 울음이 없듯이
매미는 울음부터 배운다

호수 곁 달개비꽃

호수는
고요한 법이 없다
소금쟁이라도
잔물결을 일으킨다
달개비꽃도
고요한 듯 떨리는 입술
숲에도 푸른 잔물결이 일어나고
삼나무 곧게 큰
호숫가에서
물고기 몸부림이 일으키는
생존의 파동으로
함께 피는 달개비꽃

꽃잎에 나비 붙듯

네 생각에
가슴에 햇살 놓이고
아지랑이 같은 것들이
심장을 치는데

스멀스멀 피어나는 속삭임이
맑은 물소리가 되고
이제 외침이 되어
메아리로 돌아오는데

바람이 꽃잎을 찌르고
아지랑이 다시 피어
꽃잎에 나비를 붙인 것처럼
아무 곳에나 떨어져도
내게로 다가와
한 장의 편지가 되고
여운의 향기가 되네

흐르는 풍경

미루나무 우듬지에
눈빛 걸어놓고

새야 울든 말든
맑은 햇살로 매달려

은피리 떼 파르르 떠는
잔물결 위로

햇살이 수놓은
은빛을 쪼아댄다

창포꽃1

뒷산 진달래하고 친구인 줄 알았지만
네가 죽을 줄 누가 알았겠니?
임진강 물결하고 친구인 줄 알았지만
네가 죽을 줄 누가 알았겠니?
너는 사랑하는 이
하나 남기고 갔구나

진달래 뿌리와
도란도란 식구가 되는 것은 좋겠지만
너의 것을 다 주지 못해서
끝끝내 안타까워하며
무엇이 그렇게 급한지 먼저 저물었구나

임진강 물결에
너도 실려가고 나도 흘러갔었지
너는 너무 아름다웠어
영혼까지 흐르는 눈물

나는 죄인이라도
너는 생명으로 촉을 내밀어었지
뜻 모를 상황 속에서
햇빛은 왜 빛나는 지
숨 쉬는 것이 얼마나 찬란한 것인지
나도 모를 해는 뜬다

창포꽃 슬픈 전설
누구이기에 슬픔을 만들고
누구이기에 눈물을 만드는가
사랑했던 기억만으로
그냥 아름다웠다
나는 너에게
무심한 창포꽃 뿐이었을까

검은 나비

숲을 보는 것은
간절한 호흡이 필요하기 때문
흰색 나비 오락가락해도
짝을 찾으며 배회하는
검은 나비의 절박을 알까마는

소음을 피하여
소음 없는 곳이 간절해서
한 끼를 숲에서
맑은 공기로 떼운다
한 줌 고요를 채운다

고여 있는 시간

새순이 돋아나면서
공기를 밀쳐 냈을 뿐이다

꽃들이 피면서
향기를 양념 쳤을 뿐이다

햇살을 향하여
미소들이 흔들릴 뿐이다

내 마음이
바라보는 것을 향하여
눈물 속 무지개를 본다

너의 모습이
내 마음속으로 채색될 때
흐르지 않는 시간 속에
나는 갇히게 된다

가슴 속 눈물샘

눈을 감으니
가슴에 눈물이 고인다

눈물샘 거꾸로 흘러
목젖을 지나 위장으로 가니
소화가 된 눈물이
온몸에 퍼지는데
이 슬픔도 어쩔 수 없는 일

많이 살아온 세월에도
마르지 않는 눈물
다시 슬퍼지는 일

나도 모르는 일이라
오늘도 눈을 감고
눈물을 가슴에 가둔다

산을 넘는 석양

골짜기 넘어가는 햇살
빛은 저래야 찬란하지

누구를 쏙 닮았는지
광합성 중인 푸르름

어색한 거절
아직 눈빛은 살아있지

감정으로 빛났던 것들을
다 내려놓으면
늙어가 것들이
더 예쁠 때가 있다

산을 넘는 석양이
왜 이리 아름다운가
눈이 부실 듯 말 듯
시간 속에 녹는 눈빛

창포꽃2

그냥 보고 싶었지
열망이 강해서
생각으로만 손을 잡자
왜 이렇게 좋은지

왜 이런 것이 행복한 것이냐
행복은 진짜 엉뚱한데
보물찾기처럼 어렵네
그대와 심정적으로
너무나 가까워진 것 같아

왼손하고 오른손이
느낌이 다르지만
왼손은 소꿉장난 같아도
오른손은 가슴을 쓸어 주는
내 사랑의 반려자

서로의 머릿결에
윤기를 내려는 듯
촉촉한 손끝이 되어주는
창포꽃 그대

제4부
그리움의 다른 말

새벽

수묵으로 표현되는
색들의 틈 사이로
수채화 물감 번지는 하늘

바탕색 창공에
미명의 햇살
걷혀 가는 어둠

박새들 휙 날아올라
하늘을 깨뜨려도
소리로 하늘을 두드려도

어떤 물감으로 사라지는지
어둠은 점점 엷어지고
밝아오는 숲 사이로

나무들은 색깔로 선을 긋고
잎으로 하늘을 가려도
뻥 뚫린 사이 그대로인 눈빛!

무지개

물안개 피어서
언덕을 넘고
산을 넘어서
나뭇잎에 물방울로
눈빛을 얹는다

오른발 왼발
같이 내디딜 때
올라가야 보이는 것이
따로 있고
내려갈 때는 서로
손을 잡아 주지

눈빛을 마주하면서
언덕을 넘고
산을 넘다 보면
바라보는 눈 속에는
무지개가 뜬다

비 먹은 아침

혀 내밀고
빛을 먹는 아침
꽃도 무거워 휘고
빛들은 부딪쳐서
산란하는 아침

비 젖은 아침에는
비 젖은 공기
비 젖은 새소리

모든 아침은
비 먹은 풍경
생명은 비를 머금을 때
제 색을 내는구나

진달래 불꽃

곱디고운 진달래 붉은 얼굴
사방에 터지는데

내가 할 수 있는 일이란
펑펑 눈물샘 터트리는 일
앞산 뒷산 연분홍 꽃망울 함께
폐허가 된 마음 밭에
진달래 불꽃이 터지는 날

가슴 속 분전기
끊어진 사랑의 전선
봄 동산에 이으면
내 가슴에도 만개하는 꽃
내 눈에 켜진 진달래
붉은 불꽃

눈부신 햇살

햇빛 너는 알지
바라볼수록 눈부신 것들을
이쁜 것이 많이 금 간
기미 낀 얼굴도
그럴 때 보면
눈이 부실 때가 있지

햇빛 너는 알지
시치미 뚝 떼고
처음 만난 듯
미소와 침묵이 길다는 것을

너무 예뻐서
뭐라도 선물하고 싶지만
이제 눈부신 햇살
너에게만 편지를 보낸다

비 맛

아침 비가 온다
빗길의 산책 그 맛도 괜찮을 거야
빗물에 씻긴 공기
얼굴을 톡톡 두들기는 습기가
묻어오는데

사랑한다, 말하면
나는 담담하고 원추리 꽃잎만 붉어지겠지
우산을 쓰고 바람에 날리는 비
얼굴을 간지럽힐 때
알사탕 녹여 먹듯
혓바닥 내민 나뭇잎 따라
초록초록의 내 느낌이
푸르게 젖어 가지

갈증으로 채워진
외로운 자리
물빛이 밝아
넝쿨들이 나무를 향해
달려들지 않듯이

내 안에 그대 향한
그리움으로 채워지는
비 맛의 아침

그리움의 다른 말

사랑한다는 것은
가시에 찔리는 것

아픔의 피들이 돌아서
눈물에 도달할 때쯤
그가 보고 싶다는 것

부질없어 보이지만
부질없는 것들이
만남을 만들었고
주체할 수 없는 아픔에
눈물로 보듬는다

헤어지지 말아요
언어를 담을 필요도 없이
제가 놓아주지 않을 겁니다

가시에 찔리면서도
찔리는 그것을 담아
사랑을 노래할 겁니다

순筍

톡톡 돋아 오르는
뾰족한 말語 들 위에
새들이 앉아
그 언어를 쪼다

눈빛 돋아 오르며
가슴을 쪼개는 도끼날
너에게로 가는 본능처럼
새는 또 울지

높이로 자라겠는가
세월로 선 것이지
송담이 감아 올라와도
뾰족한 울음을 키운다

팔베개를 해도
왜 이렇게 무겁지 않니?
가슴 패이게 하는 너로

비바람 산행

비 오는 날
숲의 이야기에는
물광이 난다

마음에 꼬인 색상
바이러스처럼
영혼을 오염시키면
나는 혼재된 색깔로 병들고
눈에는 오염된 수채화로 가득하고

어스름한 빛을 먹으며
광합성을 즐기는
나는 식물인지 동물인지
알 수 없다가

비바람 치는 산은
내 눈동자를 간지럽히고
눈빛이 멀어지는 만큼
내 손짓도 멀어지고

눈빛이 가까워지면
물로 빛난 산행에
젖은 산길 꽃처럼 피어난다

동백꽃 마음

예쁜데 마음이 더 예쁘면 어떨까요?

내가 사랑하는 것보다 더 많이 사랑한다고

많은 산을 콕콕 찔리는 기쁨으로 넘어

아카시아 숲을 지나 내 가슴에 와있는 그대

더 깊이 뿌리를 박고

흙의 혈관을 지나서

꽃으로 기지개를 켜는 날

사랑은 마음을 녹여서

진하디 진한 붉은 동백꽃 기둥으로

꼿꼿이 서 있네

전율戰慄

비가 오면.
피었던 솔꽃가루
빗방울에 흘러
어찌 될지 알 길 없었지만
새잎들
웃음이 돋는다

한 겨울 시리도록
추운 것들이 모여서
무엇을 만들었는지
새싹이 돋아
사랑한다는 것들을 모아
온몸으로 전율한다

민들레

흙 속에서 노란색만을 찾았을까
웃음을 찾다 보니 노란색이 되었을까
햇빛에서 노란색만 뽑았을까

흙을 어떻게 먹으면
꽃으로 피워낼까
색깔의 순도 위에
햇살이 파르르 떤다

노란색 완전한 순도
순결한 사랑으로 꽃 필 때
그때 비로소 땅 아래
흙의 마음을 본다

꽃잎마다 제각기 눈을 뜨고
나를 찬찬히 올려다보는데
내 안에 검은 실을 뽑아
노란 꽃으로 수를 놓는
마음의 눈을 열고
내 눈을 너에게로 맞춘다

마음속에 집

어둠의 집에
그대 바람이 들어왔다 가면
꽃이 피는구나

햇빛이 바람의 집에
들어왔다 가면
마침내 꽃이 피는구나

어둠도 빛 속에 있었고
빛도 어둠 속에 있었고
그저 바람이 골짜기를 돌아
사랑을 물결치더니

골이 패이고
물길을 내어
높은 데서 낮은 데로
물도 흐르더니

바람이 메아리칠 때
꽃만 피는 것이 아니고
새들도 노래하더라

시간이 흐르니
누가 열매를 만들었는지
알알이 송송하구나

눈물꽃

망초꽃을 보았다
자잘한 꽃잎 흐드러질 때
다 피지 못한 것의 눈물
내 마음을 갈아서
하얗고 작은 많은 점들
하늘거리는 꽃들을 들여다본다

망초꽃 보는 순간
내가 망초꽃이 되어버렸다
오늘은 하얀 꽃들이
얼마나 피었다 지는지
눈물 가득한 손을 내밀어 본다
눈물꽃 망초꽃

억새꽃

산 중턱에 올라가면

저수지가 있었고

한 없이 뜻 없이

바라볼 때가 있었다

소금쟁이가 걷는

파동이 무슨 뜻인지

물속을 바라보면

하늘이 섞인

억새꽃만 일렁인다

나비

나비를 보면서
왜 나는 날개가 없을까
날지 못하는 불만족이 있다면
저 나무는 나비를 보며 무슨 생각을 할까

나비가 날고 있는 모습을 보면
다른 나비 한 마리가 반드시 근처에 있다
온갖 방식과 온갖 생각으로 나는 것 같지만
이 나비와 저 나비
둘이 하나로 포개지는 그 끝이 있다

습기가 있고
더러는 햇볕 드는 곳에서
나비의 날개짓을 보노라면
퇴화된 나의 날개
퇴색된 나의 사랑을
붙여서 제대로 날고 싶다

나비들처럼 하나로 포개지는 사랑이라면
나의 굳어진 날개도
어느덧 황홀한 날개짓을 하지 않을까

한낮의 식탁

그대 맑은 웃음
한 수저 얹어 드세요

그대 철없는 순진함
한 수저 얹어 드세요

나의 따사로운 손길
한 수저 얹어 드세요

내 눈빛은
많이 드셔도 좋아요

보고픈 마음은 아마
먹어도 배가 고플 거예요

물빛 손사래

마음의 깊은 숲에
비바람 칠 때 반응하는
잎들이 있다

그대와 마주한 눈빛이
또르르 구르는 이슬이 되어
안개처럼 흐릿해져도

그리움이 깊어질수록
생각의 가지 끝에
물빛 손사래

제5부
음표가 아닌 노래가 되어

개울가

맑은 물소리가

어둠을 밝히면

냇물은 말 안 해도 안다

돌 틈 사이로 맴맴 돌다

소리가 어둠에서

만드는 고요를

신랑의 노래

포도주 보다 진한 향기
내 눈물 속 가득한 신부여
이제 나를 맞이하렴

그대가 그리워한 시간보다
내가 그리워한 시간이
우리의 사랑을
검붉게 물들였지

오늘도 내게 속삭이는
사랑의 세레나데

나의 신부, 나의 아가雅歌여
*내가 너에게로 들어가
너와 더불어 먹고
나는 너와 더불어 먹으리라

* 성경 요한계시록 3장 20절 인용

감전感電

어느 스위치를 눌러도

내 열망의 빛은

당신을 향합니다

스위치가 켜졌을 뿐인데

내 회로의 어느 쯤

누르는 순간마다

사랑의 불꽃이 피어납니다

오늘도 감전되어

당신의 꽃으로만

흐드러지게 피고 싶습니다

씨앗 속에는

순종의 씨앗 속에서
지혜가 순 터오고
말씀의 씨앗 속에는
사랑이 순 터오네

사랑의 씨앗 속에서
빛이 순 터오고
빛의 씨앗 속에는
광대함이 순 터오네

그분이 내려 준
씨앗 속에는 그분의 사랑
생명이 순 터오네

바람

나는 갈 수 없지만
바람이 있어 가겠네

나는 만질 수 없지만
바람이 있어 만질 수 있겠네

내가 만들 수 없는 길
바람이 만들어 주시네

홀로 방황하던 시간
문득 내 안을 들여다보면

이미 내 안에 계시는
그분의 숨결
그분의 바람

호수

바람 한 줌 뿌리니
물결 산란하여 일렁이고
이내 물속에서 피어나는
흰 구름 몇 조각

하늘에도 흰 구름
수면에도 흰 구름
물 위의 평화를 그리고
물속에는 사랑을 그리네

휘어진 언덕을 넘어온
바람 한 점이 그리는
호수에 그려진
하늘 수채화

밤처럼 고요하라

시름은 시름을 낳는다
부푼 가슴으로
아름다움을 낳으려면
밤처럼 고요해라

의심 많은 갈등은
하나님 큰 뜻에 못 미칠 때
미루나무 이파리처럼 고요해라
밤처럼 고요해라

미풍의 작은 노래에도
귀를 세우고
바람에 흔들림도
어둠에 묻어버리는
그대, 밤처럼 고요해라

권총으로 나를 쏠 때

권총으로 나를 쏴버렸습니다
순간 삶의 의미는 실종되고
육체만이 사방을 두리번거렸습니다
다시 권총으로 나를 겨눌 때
나는 움켜쥔 모든 것들을 내줘버렸습니다

다시 권총으로 나를 겨냥할 때
얼른 손을 들었지만
방아쇠가 이미 당겨졌습니다
'탕'하는 순간 나는 '억'하고 쓰러질 때
인생이란 심장 깊숙이
삶에 총탄이 박혔습니다
내 마음의 순수함은 쓰러지고
사색만이 살아남아
훌쩍훌쩍 소릴 내며 울었습니다

나의 절망은 그렇게 해서 자살하고
희망은 살려고 발버둥 칩니다
나는 오늘 또 다시
권총으로 나를 열심히 겨냥하고 있습니다

어둠의 뒤 켠

사람의 중심을 흔들며
무엇이 이처럼 설레이게 했나
낯설고 불안하지만
낙엽 같은 퇴적층이 두껍다

자리를 바닥 삼아
아침이 오는가 보다
눈물을 보인다
빠져도 익사하지 않는
연신 흐르는 강물이다

높고 낮은 봉우리를 모두 채우고
우리들의 눈물이 한껏 차오르던
어둠의 뒤란을 따라가 보니
미지의 아이들도 잠겨있고
맨드라미 시든 하늘도 잠겨있다

오만가지 사물을 모두 다
내 마음의 그릇에 담아두고
곤한 잠을 자는 사람들까지
진달래 등걸을 울음으로 지새우며
소쩍새 품고 있는 따뜻한 시간이
태양처럼 떠올라 잉태되고 있었다

꽃씨의 전설

바람과 손잡고 가다
혼자 떨어지고
눈물을 머금고 가다
혼자 떨어지고
사랑을 노래하다
혼자 떨어지고

혼자 떨어져 있으면
잠드는 것도 외롭구나
눈을 떠 생명을 틔우고 서서
찬란한 빛깔을 바람에 실어 나르는
너는 오늘도
개화開花의 꿈으로 살아 있구나

아득한 손

골짜기를 돌아서
모래톱을 만들고
바다로 가나 싶었더니
다시 샘이 솟아서
사랑을 만들고
그것들이 흘러서
어디로 갈지

욕심도 인생도 손을 펴고
놓았는데
다시 골짜기를 돌면서
바다가 아닌
또 다른 골짜기를 향하다가
어둠을 옷에 묻히고
향기도 옷에 묻히고
흐드러지게 핀 망초꽃

멍하니 보다가
바위에 부딪쳐
물보라로 튀기도하고
결국 손을 내밀어
아득한 손을 잡을 수 있을지

초록의 시간

사랑이 봄처럼
복받쳐 오를 때

순이 되고
꽃이 되고
어디로 줄기를 뻗든
한 색의 의미가 된다

세상사 전쟁이건 평화이건
유월이면 초록은
날로 짙어지는 것을

사랑이
복받치는 시간은
언제나 초록

그리움이 빛깔이 되어

연푸름은 짙푸름에게 묻고

짙푸름은 어둠에게 묻고

나는 나의 밤에게 묻고

그러한 가운데

사랑은 내 안에

새 우주를 창조하고

가슴에 묻어둔 것들

바람에 날리니

빛도 산란하고

그리움만

선명한 빛깔로 뜨는구나

멸치똥 떼고

멸치 똥을 따다
한 마리 입안에 오물오물
맛이 달다 맛이 오른다
오직 작은 멸치 한 마리만
입에 넣고 오물거리면
진짜 멸치 맛을 알게 된다

세월의 똥을 떼고
감사를 입 안에
천천히 오물거리면
이 시간도 달다
인생에 단맛이 오른다

작은 멸치 딱 한 마리
진짜 멸치 맛을 내듯이
시간은 작은 조각

감사함으로 섬세함으로
오물오물 곱씹으면
세상 단맛 알게 되지
세상 살맛 알게 되지

신부의 노래

순이 났는가
순이 났던 것이
벌레집으로 시들고

꽃이 피었던가
동산에는 바람에
세월이 묻힌다

너울 속 뺨
석류 한 쪽 닮았다던
내 님아

버선발로 뛰는 마음이라도
눈물은 먼발치
지금도 새싹은 돋았는지
먼 산 넘어 보네

빛의 눈동자

빛에도 눈이 있다
하늘에서 떨어져
아스팔트에서 튀더니
환한 웃음 가득 담아
'내 기쁨이 보이느냐?'
묻는다

풀잎 속으로 들어가
푸른 가슴을 열고
꽃을 피우며
빛깔 있는 눈으로
세상을 본다

남의 발을 씻어주는
그 후면에
눈동자의 그림자는 남아도
틈 있으면 들어가
먼지라도 끌어안고
다시 환한 빛으로 흩뿌려지는
빛의 눈

눈동자가
눈동자를 잉태하는
빛의 눈

송곳을 빼고

가슴이 휑하도록
사랑하던지
두려워하던지
송곳에 박힌 우리는

은과 금은 없으나
우리에게 있는 것은
사랑뿐이라서
일어나 걷습니다

우리가 서로를 사랑할 때
한없는 설렘의 눈길을
멈추지 않는 그분의 입김

죽기까지 사랑하던
그분의 호흡이
송곳을 빼고
다시 걷게 합니다

음표보다 노래가 되어

첫 이삭의 한 단을
오선지 위에서 털어놓으면
노래가 될 거예요

한 알의 밀알이 땅에 떨어져
썩어지면
음표들은 그분을 찬양하는
얼굴이 될 거예요

해 맑은 얼굴로
첫 이삭 한 단을 내밀면
기쁨 속에 숨어있던
눈물도 닦아줄 거예요

첫 이삭 한 단의 얼굴들이
음표들로 넘겨지는
설레임을 아시나요
숨이 차오르는
사랑의 노래입니다

해 설

무위자연의 서정이 수묵화로 그려진 시편

김윤환

■ 해설

무위자연의 서정이 수묵화로 그려진 시편

김윤환 (시인, 문학평론가)
백석대 대학원 기독교문학 교수

정상조 시인은 주식경제전문가이자 문학인이고, 또한 신앙인이다. 얼핏 경제와 시는 마치 전혀 다른 세계인 것 같지만 실은 인간 내면의 속성과 자연의 섭리는 결코 분리될 수 없는 뫼비우스의 띠와 같다.

이번에 출간된 시집 '수묵화로 사는 나무처럼'은 제1부 '담쟁이넝쿨 벽화' 에서는 자연을 통해 만나는 생명의 경외심과 연약성을 물아일체物我一體를 이루며 노래하고 있고, 제2부 '슬픔을 뒤척이는 악보'에서는 생활 속에서 발견된 따뜻한 풍경과 시인의 따뜻한 내면이 조우하는 삶에 대한 깊은 통찰을 보여주고 있다.

이어서 제3부 '시에게 보내는 편지'에서는 인간과 자연에 대하여 사랑의 주제로 한국적 정서로 노래하고, 제4부 '그리움의 다른 말'에서는 시인의 발 길이 닿는 곳 그 자연 속에 깃든 섭리를 통해 인간의 모순과 갈등을 치유하려는 시적 노력이 담겨져 있다.

제5부에서는 '음표보다 노래가 되어'는 시인만의 종교적

상상력으로 인간에 대한 신의 영원한 은총이자 우리들의 숙제라고 할 수 있는 구원의 문제에 대하여 깊이 있게 성찰하고. 영혼의 들숨과 날숨이 노래가 되어 전편에 흐르고 있다.

먼저 정상조 시인의 시에 대한 관점이 잘 드러난 시 한 편을 감상해 보자.

지복至福한 눈빛만으로
보고 싶은 얼굴

망각의 빈자리를
눈물로 채우고
당신 색깔로 물들고 싶네

나만의 시선
눈빛의 반응으로
현을 켜는 당신은

가을 잎사귀로 쌓이는
오래된 편지였었네

- 시 「시에게 보내는 편지」 전부

시를 대하는 시인의 눈은 시를 문화적 도구로 보는 것이 아니라 삶의 총체적 풍경화요 음악으로 이해하고 시를 통해 인간의 마음이 악기가 되고 아름다운 풍경이 되는 희망을 자신의 시 속에 담아내고 있는 것이다. 특히 시인은 작은 생명과 자연 세계에 대한 각별한 관심은 궁극적으로 어두운 삶으로부터 건져 올리는 문학적 몸부림이기도 하다.

시집의 표제시인 「수묵화로 사는 나무처럼」에서도 시인은 자신의 삶과 시를 분리시키지 않는 매우 각별한 시 창작의 모습을 보이고 있다.

나무를 그리라면
이파리의 애교보다
줄기의 뚝심을 그리고 싶네

바람의 귓속말은
밤이 되어도
지워지는 일은 없지만

먹물마저 사치스러운 여백
더 많은 것들을 받치고 있는 줄기,
말없이 기다리는 사랑은
앙상하여 바람에 흔들려도
수묵화처럼 풍경의 주인이 되네

표현되지 않는 가지도
바람에 흔들리고
뚝심으로 선 생애의 한 가운데
밤이면 별들이 내리고

벌레 울음마저 함께 울어 준 당신
여백을 벗 삼아
깊은 밤하늘 하얗게 새우며
한 점 수묵화로 살고 싶네

- 시 「수묵화로 사는 나무처럼」 전부

이 시속의 주인공이 누구인지 알 수 없으니 아마 그 시의 중심은 자신을 기다려주고 자신 앞에 엷은 바람으로 마음을 설레게 하는 시적 대상이 있을 것이다. 마치 밤하늘의 별과 함께 노래하는 벌레 울음처럼 넉넉한 여백으로 함께 있는 이가 자신일 수도 혹은 자신을 있게 하는 사랑하는 이일 것이다. 이 시를 가만히 읽노라면 그야말로 수묵화의 한 여백이 다가오도록 하는 차분한 감성을 선물로 주고 있다.

특히 시인은 작은 생명에게서 인간의 구원의식을 노래하는데 그 대표적인 시 한 편을 감상해 보자.

줄기와 잎들의 그림자
중간중간 벗겨진 담벼락
단풍 든 한 잎 한 잎
가로등빛 절묘하구나

물감을 먹은 것인지
시간의 담벼락에는
담쟁이넝쿨 한바탕 자유가
그려지고 있구나

넝쿨 잎에 걸터앉아
어느 생애의
벽화를 그리고 있는
나비 한 마리

- 시 「담쟁이넝쿨 벽화」 전부

나비는 굳이 종교적 상상력이 아니더라도 자유와 영혼을 상징한다. 담쟁이 넝쿨은 장벽이라는 경계에 푸르른 생명을 두르는 넝쿨이 물감 먹은 듯 흙 먹은 듯 휘어져 벽화를 그리는 모습에서 인생의 굴곡진 풍경을 떠오르게 한다. 이 시의 종절에 시인의 벽화를 그리는 것은 넝쿨이 아니라 나비 한 마리라고 노래함으로 사물에 닿은 영혼의 숨결을 느끼게 해주고 있다.

이처럼 정상조 시세계는 사람과 자연, 자연과 인생에 담긴 창조주의 섭리를 거스르지 않고 삶의 주제를 형상화하는 특징을 가지고 있다. 한국적 운율과 서정시의 순수성을 지켜내려는 노력이 시편 곳곳에 잘 배어 있다고 할 수 있다.

시인은 완전한 인생은 없다고 본다. 인간은 누구라도 자신의 제한성과 연약함으로 구멍이 생기고 그 구멍을 통해 새로운 세계를 발견하기도 한다. 이러한 시인의 인식은 시 「구멍」에서 잘 표현되어 있다. 이 시 역시 자연의 섭리에서 그 비밀을 발견하는데 함께 감상해 보자.

나비는 금방 꽃을 찾고

한참을 날아도

그 날개 부러지지 않는데

떡갈나무 숲

울울창창 푸르지만

벌레 먹은 잎이 태반이구나

구멍 뚫리고 썩어지면

머리에 목숨을 이고
사는 것을 알 때가 있다

- 시「구멍」전부

이 시를 좀 더 깊이 들어가 보면 '구멍'의 상징을 통해 시인의 내면의식을 짐작하게 해준다. 예로부터 '구멍'은 '세계의 문'을 상징하는데 창조의 블랙홀 즉 빅뱅이 일어나는 창구이기도 하고, 생명이 잉태하고 출산하는 출구이기도 하다. 또한 구멍은 불완전과 희생의 상징을 담고 있다. 시인은 이 두 가지 상징성을 시 속에 잘 투영해 보이고 있다.

연약해 보이는 나비의 날개는 부러지지 않는데 인간의 마음은 완악하여 부러지고 깨지는 것을 은유하고 있는 것이다. 떡갈나무숲 떨어진 낙엽에 뚫린 구멍에서 내어주므로 함께 사는 상생의 섭리를 독자에게 들려주고 있는 것이다. 모든 생명에는 구멍 뚫리고 썩어지면 시인의 노래처럼 '머리에 목숨을 이고 / 사는 것을 알 때가 있다' 마치 구멍 난 낙엽을 통해 내어주므로 내 가슴에 구멍을 내는 사랑의 법칙을 보여주는 것이다.

이어서 시인의 눈에 비친 세계와 인간의 내면을 살펴보자. 마음에도 세포가 있음을 보여주는 시 한편을 감상해 보자.

세포 하나가

보리 잎같이 떨린다
사랑을 품은 여운
세포 하나하나가 모여
싹튼 사랑이 되더니
봄 바람결 보리 잎같이
설레는 떨림

기도로 세워진
망대에 서서
광활한 평야와
사람을 본다
살아 있어 꽃이 되고
다시 살아 노래가 되고
욕망 위에 지은 집이 아니라
작은 마음 세포들이
노래하며 꽃밭을 이루는
봄이면 된다

-시 「마음 세포」 전부

시인은 인간의 마음 세포는 사랑으로 이어지고 분화하기 위해 창조되었다고 믿는다. 그러나 육신의 세포가 오염되어 악성으로 변이됨으로 질병을 유발하듯, 마음의 세포도 자신과 타인을 병들게 하는 것을 본다. 이에 시인은 원래 마음이

란 보리잎처럼 바람에 떨 수밖에 없는 연약한 존재이지만 오히려 그 떨림을 사랑의 설렘으로 받아들임으로서 꽃이 되고 향기가 되어 세상을 사랑이라는 꽃밭으로 만들 수 있다는 것을 노래하고 있다. 시인은 자신과 독자에게 육신의 세포만큼이나 마음의 세포를 읽기 원한다. 보이지 않지만 명백히 존재하는 심령의 작은 세포를 이 시를 통해 다시금 들여다보게 하는 것이다.

다음 시는 사랑에 대한 시인의 감성이 잘 담긴 시편인데 정상조 시인의 내면이 잘 보인 듯하여 공감하고 묵상한 대표적인 시로 꼽을 만하다.

예쁜데 마음이 더 예쁘면 어떨까요?

내가 사랑하는 것보다 더 많이 사랑한다고

많은 산을 콕콕 찔리는 기쁨으로 넘어

아카시아 숲을 지나 내 가슴에 와있는 그대

더 깊이 뿌리를 박고

흙의 혈관을 지나서

꽃으로 기지개를 켜는 날

사랑은 마음을 녹여서

진하디 진한 붉은 동백꽃 기둥으로

꼿꼿이 서있네

- 시 「동백꽃 마음」 전부

시인은 호숫가에 핀 달개비꽃을 통해서도 생존의 파동을 읽는다.

호수는
고요한 법이 없다
소금쟁이라도
잔물결을 일으킨다
달개비꽃도
고요한 듯 떨리는 입술
숲에도 푸른 잔물결이 일어나고
삼나무 곧게 큰
호숫가에서
물고기 몸부림이 일으키는
생존의 파동으로
함께 피는 달개비꽃

- 시 「호수 곁 달개비꽃」 전부

먼발치에서 보면 호수는 고요하고 평화롭다. 그러나 가까이 가서 들여다보면 그 수면에 일렁이는 물결이 호숫가에 핀 달개비꽃에게는 파도처럼 느껴질 수 있다는 것이다. 어느 시인이 노래하지 않았던가. '자세히 보아야 보인다.(나태주 시 '풀꽃')는 싯구처럼 호수를 깊이 들여다본 시인은 작고 가벼운 소금쟁이도 파동을 일으키며 물고기들의 몸부림이 있어 함께 피는 달개비꽃을 본다. 파도와 파동을 두려움이 아니라 살아야할 힘을 키우는 동기動機로 보는 것이다. 여기서 생명의 섭리를 들여다본 시인의 내밀한 시선이 잘 나타나고 있는 것이다.

다음은 모든 색의 창조가 가능하다는 삼원색 이론의 한계를 발견한 시인의 탄식을 들어 보자.

햇살과 나뭇잎과 하늘이
내 마음에 증착하면
화면 속에서 모든 색들도
악보 위에서 춤추는 노래처럼
천연색으로 증착하겠지

마음에 적, 녹, 청을 증착하면
가랑잎처럼 흔들리지 않는
천연의 색들로
숲을 이루는 노래로
세상 악보 위에서

나도 춤을 추었겠지
삼원색으로
모든 색을 만들 수 있다는 착각
아무리 증착해도
하얀색을 더하는
빛의 진리

- 시 「증착蒸着」 전부

인간은 자연의 형상을 인화印畵라는 기술에서 삼원색 원리를 통해 제 눈에 좋도록 구현해 낸다. 그러나 시인의 노래처럼 '삼원색으로 / 모든 색을 만들 수 있다는 착각'은 아무리 증착해도 순백의 하얀색은 창조할 수 없음을 이것은 전적으로 신의 영역임을 재발견해 주는 것이다. 시인은 '마음에 적, 녹, 청을 증착하면 / 가랑잎처럼 흔들리지 않는 / 천연의 색들로 / 숲을 이루는 노래로 /세상 악보 위에서 / 나도 춤을 추었겠지'라고 고백하며 인간의 희노애락이 마치 삼원색처럼 인생을 채색하지만 그 원바탕은 하얀 도화지와 같아야 하고, 오히려 채색하기보다 오염된 색을 덜어내고 회피하는 순수성을 회복해야 한다는 종교적 깊은 울림을 전해주는 시편이다.

시인은 기독교세계관을 가지고 생활과 문학을 이어가고 있다. 이번 시집 작품 전반에 흐르는 종교적 상상력에서 특별히 두드러지게 나타난 그의 신앙적 고해가 담겨진 사랑의 시편을 감상해보자.

순이 났는가
순이 났던 것이
벌레집으로 시들고

꽃이 피었던가
동산에는 바람에
세월이 묻힌다
너울 속 빰
석류 한 쪽 닮았다던
내 님아

버선발로 뛰는 마음이라도
눈물은 먼발치
지금도 새싹은 돋았는지
먼 산 넘어 보네

- 시「신부의 노래」전부

기독교에서 신앙의 열매는 '중생重生' 즉 거듭남으로 새생명으로 재탄생하는 것으로 본다. 아울러 변화된 신자는 자신의 삶을 통해 새로운 생명의 씨앗(이것을 구원의 역할이라고도 한다)을 뿌리는 일이다. 시 속의 화자는 자신에게 묻는다. '(새)순이 났는가'라고 이것은 다름 아닌 새로운 생명으로 출발하였는가의 반성임과 동시에 구원의 씨앗을 내리고 있는가 하는 신앙의 결단을 촉구하는 것이다. 시속의 고백처럼 '버선발로 뛰는 마음이라도 / 눈물은 먼 발치 / 지금도 새싹은 돋았는지 / 먼 산 넘어 보'는 돌이킴의 시간을 통해 시인은 신앙인의 현재를 성찰하게해주고 있다. 시인의 역할은 단순히 자연을 찬양하거나 사랑을 노래하는 것으로 끝나지 않는다. 인간의 근원적 문제에 대하여 묻고 자신의 영감으로 얻은 예지의 언어를 전달하는 사제의 역할이 있음을 보여주고 있다.

시 「자화상」은 결코 시인 자신이나 시적 화자 만의 자화상일 수 없다. 대체로 사람은 자기 인식과 감정 안에서 움직이는 유한한 존재다. 이러한 자기제한성을 발견하고 자신의 영혼을 신앙이라는 거울에 비추어 자신을 발견토록 도와주는 시편이라고 할 수 있다.

> 화폭 속에 갇힌 죄인 아시오. 한 가지 형태을 고수하느라 화선지에 비지땀이 배어 나오는 움직이지 않는 나체에 행복을 느껴버리는 사람 하나 갇혀 있소. 빈 공간을 장식하기 거추장스러워 지루한 여러 표정의 예술로 붙잡고 있노라 그림 속의 나는 웃을 입을 줄도 모

르오. 귀부인들 욕정을 숨기고 때론 아리송한 눈으로 들여다보며 색채와 형태가 사상을 완성 시키는 예술이라 말하지만 그림 속의 나는 부끄러움을 들여다볼 거울이 없소. 홀쭉한 배를 예술적으로 들여다 볼 사람 없고 굶주림에 허덕이며 미소로 꾸미고 있는 그림 속의 나체는 그냥 그 꼴로 있소 거울을 주시오

- 시 「자화상」 전부

이어서 마치 성서 속 솔로몬이 지은 사랑의 노래인 '아가雅歌'를 읽는 듯한 시편들도 있다. 성경 속 아가서에 나타난 사랑의 시는 에로스적 사랑임과 동시에 아가페적 사랑이 담긴 통전적 사랑의 시라고 할 수 있다. 마찬가지로 정상조 시인이 노래하는 오늘의 통전적인 사랑시 한 편을 감상해보자.

바람과 손잡고 가다
혼자 떨어지고
눈물을 머금고 가다
혼자 떨어지고
사랑을 노래하다
혼자 떨어지고

혼자 떨어져 있으면
잠드는 것도 외롭구나
눈을 떠 생명을 틔우고 서서
찬란한 빛깔을 바람에 실어 나르는
너는 오늘도
개화開花의 꿈으로 살아 있구나

- 시 「꽃씨의 전설」 전부

꽃씨는 자신이 피고 열매 맺었던 자리에 다시 떨어지기보다 새로운 땅에서 개화하는 것이 일반적이다. 시 「꽃씨의 전설」은 꽃씨의 속성을 인용하여 디아스포라일 수밖에 없는 인생의 유전流轉을 노래함과 동시에 인성의 꽃씨가 어떻게 뿌려지고 꽃을 피워야 하는지 잔잔하게 들여주고 있다. 마치 민들레 홀씨처럼 나그네 인생들의 외로움을 동정하면서도 하늘의 섭리인 바람에 실려 정해진 곳에 뿌리를 내리고 싹을 틔워 개화를 꿈꾸는 우리들의 인생 노정에 희망을 담아 노래하고 있는 것이다.

앞서 살펴본 대로 이번 시집은 정상조 시인의 발 길이 닿는 곳은 하늘의 이치가 오롯이 남아 있는 자연이었고, 시인의 눈은 그 자연 속에 깃든 섭리를 통해 인간의 모순과 갈등을 치유하려는 시적 노력이 담겨져 있다. 그야말로 자연을 통해 만나는 수묵화 한 폭을 느끼게 해주는 시편들이다. 시인은 문학을 도구로 자신의 나르시스에 빠지는 감정 배출도구로 전락해서 안되며 상투성으로 교조적인 언어로 자기 위상을 높이는 착각에 빠져서도 안될 것이다. 자연 앞에 겸손하고 삶 앞에 치열한 모습을 노래함으로 독자들에게 일상 밖에서 자신을 들여다보는 관조觀照와 위로의 역할을 시를 통해 보여주어야 한다.

다시 한 번 정상조 시인의 시집 발간을 축하하며 더욱 정진하여 독자들의 사랑을 받는 시인이 되길 바라 마지않는다.

끝으로 시적 영감을 더 진하게 하는 정상조 시인의 절창絶唱 '꽃의 혈관에는'을 독자와 함께 나누고 해설을 갈무리하고자 한다.

꽃의 혈관에는

콕콕 찔리는 전율로

땅의 핏줄을 따라

뿌리를 내린 후

아침을 깨우는 동백

겨우내 외로움이 혈액이 되어

더 짙어진 빛깔

숨쉬기조차 힘든

그리움이 절정

더 붉게 피어나는 꽃